Vida insecta

Vida insecta

Cristina Sánchez-Andrade

La Bella Varsovia

ANAGRAMA

Primera edición: mayo 2026

© De los poemas, Cristina Sánchez-Andrade
© De la ilustración de cubierta, Ernst Haeckel
© De esta edición, La Bella Varsovia
Editorial Anagrama, S. A. U.
Pau Claris, 172
08037 – Barcelona
http://www.labellavarsovia.com

Corrección: Júlia Sala Reyes

Diseño de cubierta y maquetación:
Sergi Gòdia

Impresión y encuadernación:
Liberdúplex

ISBN: 978-84-339-4965-3
Depósito legal: B. 725-2026

Printed in Spain

Vida insecta

Am not I
A fly like thee?
Or art not thou
A man like me?

WILLIAM BLAKE

Hay, en la espera,
un rumor a lila rompiéndose.

ALEJANDRA PIZARNIK

1
TIJERETA

Se introduce en el oído
mientras duermes,
perfora el tímpano,
      desgarro,
        rotura de membranas.
Como un pensamiento,
penetra,
      excava túneles,
        horada.
Así es el miedo:
incuba huevos en el cerebro.

2
VENDO ·

Para la Rabia de la Vida
tengo artemisa
y hierbas del amor platónico.

La palabra es la muerte de la mosca.

3
DOLOR

Aprender cómo se mueve por el cuerpo,
cómo lo habita
y se pega a la piel,
polvo fino de mariposa.
Aprender cómo forma parte de las células
y viaja por la sangre,
cómo construye ahí
un hogar permanente.
Aprender a vivir con él:
a ser feliz,
tal vez no como antes,
pero feliz.

4
SEGUNDA MUJER

Emerge de sí misma
como un enorme insecto
con las patas plegadas.
Deja en la orilla

el despojo de su anterior vida.

5

INSECTO PALO

Rugoso y frío,
agazapado entre los pliegues del tiempo.
Algo que
            nos hace fruncir los labios
y cerrar los puños dentro de los bolsillos.
¿Cómo llamarlo?
Una costra adherida,
arañando el pecho
y siempre
a la espera de algo.

Destino singular, lo llaman algunos.
Alcanzar mis sueños, dicen otros
(y, al decirlo, la boca escupe una polilla).

Futuro merecido,
Suceso extraordinario,
La gran revelación,
Lo que dará sentido a mi vida.

Pero yo tengo un nombre mejor: insecto palo.
El insecto palo no aspira a nada,
es lo que *no* es:
cuerpo que no es rama,
pata que no es brote,
cabeza que no es hojita tierna.

En su contemplación
discurre el tiempo,

la vida real pasa de largo
y ya es tarde:
lo que pudo haber sido
nunca es ni será.

6

Los remordimientos
son pájaros lanzados por el viento
hacia algún lugar del horizonte:

siempre vuelven con la noche.

7
CEBOLLA

El pasado vive en el presente,
como el aroma en el que flotan
los recuerdos de la infancia.
O como el miedo
en el pensamiento de los que huyen.

También se recuerda para huir.
Apartar las fechas
como telarañas del rostro,
dejar que los relojes
masquen los segundos
y los escupan como sílabas.

Negra escarcha dura.
Dura.
Evitar que la memoria
acabe siendo como la cebolla:
arrancar
una capa tras otra
para llegar al centro y llorar.

8

Venimos a por tu hijo,
tu bebé de musgos y ramas,
su olor. Cordero de Dios
que quitas el pecado del mundo:
ten piedad de nosotros,
queremos su olor.

CIELO DE LA BOCA

En gallego *paladar* se dice
ceo da boca.
Entonces, en el paladar
de los gallegos refulgen las estrellas
y hay nubes, mar,
pájaros que flotan panza arriba
mecidos por el viento.

En el paladar de los gallegos
sale la luna como un gajo de melón
y hay saudades
con rostro aniñado de murciélago,
lenguas de agua que lamen la tierra,
mazorcas con barbas de vieja.

Ojalá perdure en mi memoria
ese lugar entre la piedra y el musgo,
monte, prado o maizal
donde una vez
sentí en las manos el aullido de los océanos.

10

El sonido de un piano
al caer por el balcón y
estrellarse contra el suelo.
Esas astillas,
ocupan su pensamiento.

De los ojos
brotan flores y astucias,
musgo o madeja
que se fabrica en la entraña,
murmuramos
azúcar y hormigas
            —amor al oído—,
raicillas serpenteantes
que crecen como garbanzos en la nariz y
tú estás ahí,
las piernas enterradas
en el polvo del salón
—crujidos, aleteos, susurros—,
pero tu silencio nos desconcierta,
aúlla en los oídos.

12

Capas, piel o cáscaras
que las cosas desprenden
vena o latido:

tocar es siempre ser tocado.

13
REMEDIOS CASEROS

Mosquitos, cucarachas, garrapatas,
hormigas, arañas, polillas,
mariquitas, gusanos, grillos
pueden penetrar en el oído.

Si el pensamiento está vivo,
inclina la cabeza y sacúdelo.
También
puedes verter aceite de bebé para matarlo.

14
GRILLO

Me atraía la coraza del guerrero,
la joroba del camello,
la fricción de las alas y
la canción del cortejo
entre las hojas y las piedras.

Así que pasé los días
escondido en grietas,
bajo cortezas, musgo y troncos.

Le observaba.

Me fascinaba su inmovilidad verde,
su pequeñez y ritmo,
la conexión con la tierra
y con la noche.

Hasta que,
un día,
un huevo creció en mi vientre.

Tras varias mudas,
pasé de ninfa a adulto
con capacidad para cantar.

Ahora soy un grillo.

15

En el bosque
carcajada azul,
la mirada del cuervo,
me volví adicta a esa mirada:

amar es querer ser amado.

LA CRUELDAD DE LAS NIÑAS

Estábamos las dos,
la niña y yo, en el comedor de aquella casa.
Ella (¿o era yo?) me mostró una mosca atrapada
en el puño:
quería arrancarle un ala.
Todo estaba traspasado de
una pegajosa pesadumbre,
un sentimiento en el que había
fascinación y rechazo. Unas manchas
rojas surgieron alrededor de sus labios
y en sus ojos refulgió un brillo extraño.
Dijo:
«Es cosa y no tiene entraña».
Tenía el destino de un ser atrapado en un puño,
porque una mosca sin ala es una mosca sin ala
es una mosca,
y yo (¿o era ella?) me escandalicé,
pero a medida que pasaban los minutos
y la crueldad nos envolvió como una luz,
en lugar de abrir la mano
para que la mosca volara hacia la ventana
dejamos que el sentimiento nos invadiera.
Por un momento, existimos para esa crueldad
a la que nos entregamos con gozo,
cerramos los ojos y la crueldad giraba,
zumbaba en el cerebro.
Hasta que, poco a poco, se mezcló
con los sonidos de la casa:
el lánguido gemido de la cafetera,

el crujido de una puerta,
la voz dulce de la madre
y todo volvió a encontrar su lugar
en el corazón de la niña.

Caen los días como piedras.
Uno. Dos.
Veinte o treinta, ya no llevo la cuenta y
siento algo encerrado en mi interior.
No. No es el cansancio que surge después de un
                                    día duro
de trabajo. Ni el que acompaña la enfermedad.
Eso está siempre ahí,
como una herida que despide su propia luz:
el aleteo de un murciélago que abre surcos en el
                                    pecho.

18
POLVO

Localizar las pelusas
que se ocultan bajo la noche de los muebles,
acechantes como animales grises
o monstruos infantiles.

Rozar las telas
de las arañas en los rincones
o en los marcos de las puertas.

Como quien detiene el tiempo.
Como quien detiene la muerte.

¿Cómo es posible que ese polvo
—caparazones de insectos,
restos de comida,
avispas y moscas aturdidas, tierra, piel muerta—
haya ido a parar ahí?

Es la vida no vivida
que me llena de líquenes los pulmones
y acumula arañas en mi sangre.

Mientras barre
rumia resentimientos,
¿así que esto era todo?
Tendrá que terminar,
dejarlo limpio
antes de que lleguen
las bestias carniceras de la noche.

19
EL VIAJE DE LAS RAÍCES

Cierra los ojos: el tacto es el de un hueso.
Los dedos palpan y recorren los bordes.
Imagina el viaje de las raíces
que serpentean bajo la tierra
y que se alimentan de lombrices,
larvas, pupas, caracoles
que aman la oscuridad.
Imagina que, a través de las galerías,
entre ramas y hojarasca,
en compañía de orugas,
las raíces llegarán a tocar a su hijo.
En alguna parte de ese mundo húmedo
como un animal recorrido
por el dolor de los animales recorridos,
por el olor de
los animales recorridos y muertos.

20

Siempre con un pie delante
y otro detrás
al borde del abrupto acantilado.

Fascinación, extrañeza,
                                desgarro,

la oscuridad.
Pero sé que si me asomo demasiado
oiré el rugir del mar.

Sé que si me entrego
acabaré desequilibrándome,
caeré
y
me
convertiré
en pasto para las olas.

21

Somos la huida de los insectos,
los dictados de su biología
que nos llegan puntuales.
Somos la paciente espera,
el futuro que nunca decidimos,
como hormigas que se agitan
en una caja de cristal
sin más opción que devorarse a sí mismas.

Somos el miedo al humo,
el presente que nunca tuvimos la valentía de
                                        cambiar,
zánganos que engordan, nodrizas que
                        alimentan a las ninfas,
necróforas que limpian las calles de
vientres y cáscaras secas.

Somos la inagotable organización,
somos las rutinas, los ciclos, la repetición,
la repetición de siempre: repetición incluso de
                                la repetición,
de la repetición que nos acompaña,
repetición que nos reconforta
y que nos aplasta.

22
VIEJA FRIENDO HUEVOS

Están ahí: aletean
debajo de tu piel.
Niño y Vieja,
efímeros y brillantes
como mariposas nocturnas
en las tinieblas.

La luz dirige tu mirada,
arranca brillos del cobre,
flota entre la baba blanca
de los huevos fritos,
se desliza con suavidad
por la cebolla roja,
escarba arrugas en las mejillas.

Hay un mortero,
una frasca de vino,
guindillas,
hay trabajo,
rutina.

Están ahí,
se observan mientras los miras
mirando con ese mirar con
que tú miras el mirar
de los que miran las cosas.

23
CULPA

Está sentada a mi lado: la oigo respirar
infiltrada en mi sangre,
cucaracha de naftalina
que con la fuerza de las semillas
rompe la cáscara de la piel,
crece dentro de los ojos,
habita
entre los pliegues
de la falda de la madre,
brota de ancestrales imágenes,
se ramifica,
adquiere proporciones monstruosas,
derivaciones
que jamás tuvieron lugar
en la vida real.

24
HUÉSPED

El ruido que hace la raíz cuando es extirpada de
                                                    cuajo
                    —ese triste gemido azul—
es conjunción salvaje:
bajo el pecho se aloja un huésped
como gusano en la fruta
que la va secando.

Amortajada,
inmóvil y pálida
(el trocito de manzana atorado en la garganta),
la niña
o
la princesa adolescente
encerrada en una torre,
un palacio, un jardín,
una caverna,
arrojada al foso de los cocodrilos,
exiliada en el fondo del bosque
entre temibles criaturas,
cautiva, dormida, paciente,
espera al príncipe o
a lo que sea.
Espera es una palabra fértil,
inspira y alienta,
pero,
¿de qué color es la espera?,
¿cuántas patas tiene?,
¿se puede comer?

26
MATERNIDAD

Fulguran días animales y
la niña palpa la muñeca de plástico
con los ojos cerrados.
Presiente en su interior jugos misteriosos
semejantes a los suyos.
Le retuerce una pierna,
le arranca un brazo,
le pintarrajea la cara,
le dibuja vello en el sexo sellado,
la amamanta
(labios de piedra contra el pezón morado),
le corta la cabellera a trasquilones,
la introduce en el microondas
de donde sale blanda,
plástico
azul y olor
a chamuscado.
No importa: la muñeca
es solo eso que inventa su deseo.

No las veo, pero sé que fuera hay rosas.
Hay árboles frutales,
magnolias, setos podados y un invernadero con
limones y membrillos. No las veo porque todo
está oscuro,
pero las oigo: oigo el rugido rosa; el jardinero las
corta. Chas, chas.
Las corta y las envuelve con delicadeza en papel
de seda.
Las introduce en cajas
que alguien envía a los muertos.
Las rosas tal vez gritan de dolor en las tumbas,
pero nadie las escucha.

28
MIEDO

Hermético y enlatado,
chisporroteo, calambre, un latigazo en los
párpados,
un nudo en el estómago que me llega en rachas
intermitentes, en medio de un constante efluvio:
el olor del cuerpo viejo y ajado.

Un miedo amarillo que ahoga
todos los miedos,
y hasta el recuerdo de otros miedos cae a golpes.
Entra como hachazos en el bosque y secciona los
árboles y corta las flores y horada los suelos y
destroza las
zarzas. Zum.
Encoge mi corazón hasta convertirlo en una
nuez.

29

J. M. BARRIE

Hadas
bisbisean clichés y
limitaciones lingüísticas,
balbuceo
o batiburrillo generalizado;
ajenas a ti y a tus acólitas,
renuncian a las delicias del sexo.
Envueltas en la tiniebla
discuten en consejo,
susurran juicios insultos gratuitos fanfarronerías
delirio trajín zum zum.

30

Larvas ancestrales
flotan alrededor de los árboles,
comen pétalos, se atiborran
de capullos, descienden hasta el cuerpo de la
mujer.
Vienen con farolillos encendidos,
chist, chist,
calla. No hagas caso,
rózalas con tu mano.
Escucha:
se infiltran por la nariz o por la boca.

Bajo el mar
inalcanzable y
lejos de las tormentas,
crece esa flor venenosa y adictiva
—consuelo de tontos—
que se llama *espera*.

En la espera
el tiempo atraviesa el cuerpo:
piel, pulmones, sangre,
hay cosas,
        macetitas con petunias, tardes de
                pan con chocolate,
        una mancha en el pantalón, un
              árbol o una piedra,
escondidas en el ajetreo diario
que es preciso rescatar.

32
POLILLA

El chasquido
de las alas
que se agitan entre la hojarasca
porque enterrada bajo el deseo
yace desnuda la frustración,
algo que se desliza
sobre la lengua
y que sabe a vinagre o azúcar,
salir y tocar. En las decisiones hay siempre
una noche venosa
o un cielo azul.
Perder es el camino para ganar,
ganar el camino para perder,
oír
el aleteo agitado
al otro lado,
enloquecido aleteo y,
aplastada contra el cristal,
el terciopelo color sangre
de su rostro aniñado.

Las víboras cambian de piel en el umbral de la
casa,
los murciélagos copulan bajo los techos de
madera,
los ratones mueren en el horno,
un soplo mece la araña y
las moscas golpean contra el cristal.
Dentro,
la vieja experta en filtros y mágicos mejunjes
se corta los pezones con tijeras de podar.

34
INTRUSOS

Pensamientos obsesivos
como babosas
o un ratón
se introducen en la colmena;
si no es posible despedazarlos
o desembarazarse del cadáver
que no tarda en apestar
ellas
lo encierran
herméticamente
en un sepulcro
de olorosa cera y propóleos.

Alguien
debió de abrir un cajón que lleva cien años
cerrado.
Polvo o
naftalina
sale
envuelve penetra asciende al cerebro
el lenguaje musical y corrupto de las vírgenes que
con los brazos plegados y la cabeza encajada en
el pecho
sueñan con la hora de despertar.

36
LA CRUELDAD DE LOS ESPEJOS

Se agarra a tu cabellera,
parásito
con uñas y dientes,
devora a la niña
y ahoga a la joven.

En la frente borda zurcidos,
se incrusta en los surcos de las mejillas,
se instala sobre tus hombros,
te sujeta, te lanza por encima de la cabeza,
te araña, te insulta
y,
          mientras aguardas perpleja,
te mantiene entre sus mandíbulas
días enteros.
Ante su crueldad solo pides una cosa:
devenir la que siempre fuiste.

Hubo promesas,
pero lo que ahora sientes
no son amapolas agitando sus faldas,
son rosas coaguladas en el pecho,
cunas bien cerradas,
                              cáscara seca,
ninfas del color de la leche,
despojos de zánganos,
masa viscosa que introdujeron en tu ombligo.
Tienes en los ovarios inquietudes
o poemas sin empezar,
eres rehén sometida
a la tiranía de la república de tus obreras
(todas ellas hijas tuyas, por cierto).

Ciego, pura piel,
movimiento.
Son huesos, nervios y tendones.
Siempre el debate interno entre
una voz que se alza
y me pregunta cómo debo sentirme
y otra que me ordena pensar
sobre lo que quiere pensar.

La lluvia pudre la madera,
lento deterioro que devuelve las cosas
a la tierra de la que procede.
Pero dime, ¿cuál es el órgano del tacto?
¿La carne?
¿La piel?

39

Dolor:
animal curioso,
inmóvil bajo la piel.
Ganglio o perlita gris,

riñón
que filtra la amargura.

40

Ahora mi amor
es una boca llena de tierra o
de insectos descuartizados y descompuestos.

Bebé en una
mamá llena de bebés:

los asfixio entre hojas húmedas y olores,
los asfixio
entre olores a
sangre

y

pupa
de donde
se desgaja el tejido de los sueños
ninfa acuclillada rompe su camisa de fuerza y
lanza tuut
a lo que las encerradas responden cuac
tuut cuac tuut escapa virgen de su celda

lo primero que hace es asesinar a sus hermanas

42

Llevas, en tus entrañas secas, cerca de un millón
de hijas. Tiritas como el fuego con tu aguijón
encorvado y
tu cerebro diminuto, tienes
ovarios como inmensas catedrales en donde se
                                        gestaron
deseos truncados, escucha:
tras la unión, el vientre del elegido se abrió y
con él cayeron sus
despojos.

43

La mujer polilla
emerge,
asoma el rostro de terciopelo
entre húmedas hojas
y trocitos de corteza,
los ojos ciegos.
                    Por las venas del bosque
arrastra el velludo cuerpo
que más tarde envolverá en tumba de seda.

Desea comer tierra
y, sin saber por qué,
busca las partes desmembradas
de sí misma:
                    patas, antenas, abdomen.

Asómate a la puerta,
hay pétalos y uñas en el umbral,
entraron sapos
que palpitan en las esquinas
y una ortiga crece entre una grieta.
Arréglate un poco,
y le decía:
«¿Tienes los dientes puestos?
Póntelos, son piedras».
O le decía:
«Las hormigas aladas
se aparean bajo la lluvia».
O le decía:
«Las ratas entran y salen
de mi sangre».
Dijo: «Ya no puedo ni mirarme,
esquivo los espejos».
Pero, ¿qué sabrán los espejos?
El tiempo roza, araña,
mordisquea:
es piel que protege de la ira

o del miedo.

insecto
perdido en la tarea
es la tarea es la tarea
tu esencia es el anhelo
tu oxígeno la ansiedad
y mar
te marchitas en la soledad estéril
de tu cofre de cristal
pendiente de *aquello*
el deber misterioso de tu raza
demasiado ocupada para el amor
me pregunto
cuántas hijas no conociste
qué inquietud escarba en tu hígado con pico de
águila
qué rabia azul aprovecha para roer las noches
qué alegría te mantiene con vida

46

Tiritando en la espera,
cuando te preguntan
dibujas en el aire con un gesto,
raíces,
una caracola
en la que se oye el mar,
dices: ahí.
Ahí he de llegar.
Pero dime,
          ¿dónde es ahí?
Ese lugar no se puede visitar
si no es atravesando el olvido
del perfume de un nardo
entre las hojas de un libro,
ese lugar no existe
o solo existe en tu memoria.

47

He dejado de amar dentro de tus ojos; era tu voz
                                        y tu espera,
tu vida.

Ahora es todo insecto menos la esperanza
                                        esterilizada.
Y el hueso de gato que hiere en el umbral.

Muy poco se ha dicho de los zánganos:
¡baj! Ellos, sombras,
trajes viejos de hombres que existieron
unos sobre otros,
pero hablemos de ellos:
glotones, engreídos, besucones, hinchados de
                                    arrogancia,
machos
aturdidos que pueblan
las avenidas, obstruyen las salidas, dificultan el
                                    trabajo de tus
hijas, se levantan tarde,
comen gratis y mancillan la casa con sus
                                    excrementos.

El deseo carnal estaba ausente
pero la orden
resonó en tu diminuto cerebro,
vibró en tus ovarios
con ese jugo que expulsaron
tus entrañas, amasaron a tus hijas.
¡Baj!, esos zánganos:
pero no los desdeñes.

Por algo tuviste que
cortarles las alas,
amputarles las antenas,
dislocarles las patas.

EL CHATARRERO

¡El chatarrero! ¡Ha llegado el chatarrero!
¡Haaaaaa llegado el chatarrero
a la puerta de su casa, señooooora!

Recogemos todo tipo de chatarra:
esperanzas oxidadas,
iras polvorientas y días que pesan como el
                                    metal,
lámparas como sueños apagados,
recuerdos hechos añicos,
tuberías y cañerías atascadas
como viejos pensamientos.

¡El chatarrero! ¡Ha llegado el chatarrero!
¡Haaaaaa llegado el chatarrero
a la puerta de su casa, señooooora!

Señora, solo tiene que salir.
Saque a la puerta lo que tenga,
ollas resentidas,
sartenes inseguras y
manijas
que gimen en la oscuridad.
Saque ventanas y puertas,
las rejas que la separan del mundo.
¡El chatarrero! ¡Ha llegado el chatarrero!
¡Haaaaaa llegado el chatarrero
a la puerta de su casa, señooooora!

Clasificamos, limpiamos y desmontamos.
Despiezamos su chatarra mental.
Anímese, señora:
a veces,
si esa chatarra tiene arreglo,
la reparamos para una segunda vida.

50

Patas antenas alas cabeza
recuerda:
hubo ahogamientos en el umbral del palacio

avanzas patas pájaros sin cabeza
cuerpos encaramados sobre cuerpos
encaramados
que zumban
y se confunden con el tuyo

bisbiseo de patas antenas
murmullo de alas
adoramos lo que nos aplasta
e insectos salen por la boca

Y así comienza el largo proceso
de descomposición larvada
en la oscuridad de la raíz,
ser en lugar de *hacer*
día tras día;

hasta que llega el dolor,
una semilla que brota
en la cuenca de la calavera
y se ramifica

por los ojos
en busca de conciencia.

52

Miserias de trajín movimientos invasores

esfuerzos

despiadados idas y venidas febriles desvelos
inquebrantable abnegación
y entonces un día

comprendes

que lo que se agita dentro de ti
es tan triste
como el propio anhelo

Flota en el aire un olor a tiempo,
tiempo que no es tiempo, sino
lugar,
bordoneo de alas, crujido
de huesos serruchados. Un afán que es
como tocar la lengua de un perro.
Tal vez, por fin,
llegó el momento.

54

Pero está el hacer
que es hacer
y hacer es un no hacer o
mejor un hacer que se deshace
constantemente
y al final solo somos
el tiempo que se nos escurre
como arena fina de las manos

55

Recuerda que en esos días de frío y hambre
te encontraron viva
bajo los negros cadáveres de tus hijas.
Lo que quiero decir es esto:
no hay un comienzo para un fin
no hay un comienzo
para un fin
no hay
un comienzo

ÍNDICE

Esta primera edición
en **La Bella Varsovia**
de **Vida insecta**,
de **Cristina Sánchez-Andrade**,
se terminó de imprimir
en Barcelona
el 10 de mayo de 2026

¡Ojalá te haya interesado esta lectura!
Si ha sido así, te animamos a compartirla
en tus redes sociales.
Tenemos perfiles como @labellavarsovia
en Facebook, Instagram y X.
Y en nuestra web, labellavarsovia.com,
encontrarás información
sobre todos nuestros libros.